AF210839

Impresión y editorial: BoD – Books on Demand
info@bod.com.es – www.bod.com.es
Impreso en Alemania – Printed in Germany
ISBN: 9788411741606

Pregunta al Libro Mágico

y el **Oráculo** te responderá

Grete Stars

¿Cómo usar este libro mágico?
Se ofrecen dos sencillas maneras de extraer el oráculo del libro.
Ambas comienzan con un momento de reflexión y calma en la que se formula una pregunta. Respire profundamente y proceda a realizar una de estas dos acciones:

· Coja el libro y abra al azar cualquiera de sus páginas. La respuesta estará ante usted.

· Abra el libro por la siguiente página y con los ojos cerrados deje que su dedo seleccione un número, después diríjase a la página con ese mismo número. La respuesta será mostrada.

Elevado logro propiciado por la sinceridad.

Una tranquila perseverancia trae ventura

No debe emprenderse nada.

La paciencia será recompensada.

Hay que ser minucioso y paciente para cosechar el éxito.

Si eres veraz, tendrás luz y éxito.

Es propicio atravesar las grandes aguas.

Detenerse
con cautela
a mitad del
camino trae
ventura.

Ir hasta el
fin trae
desventura.

6

Se requiere
fuerza
y valor.

Ventura
sin falla.

La buena fortuna viene del exterior.

Quien llega demasiado tarde encuentra el infortunio.

Éxito final.

Mas todavía hay obstáculos en el camino.

Es sabio comenzar el trabajo de aproximación.

Confía en ti
y no cedas a
la petición
de otro.

De lo
contrario:
fracaso.

La Paz.
Lo pequeño
se va, llega
lo grande.
¡Ventura!
¡Éxito!

11

Estancamiento.
Putrefacción.
Alejarse es
sabio.

Solo con convicciones definidas y entusiastas se logrará el éxito.

Si uno persevera consciente de la dificultad, consigue su meta.

14

La boca
habla de la
abundancia
del corazón.

La humildad
trae el éxito.

El entusiasmo
que se expresa,
trae desgracia.

Es propicio
designar
ayudantes.

16

No debemos
forzar a otro a
que nos siga.

Ello
debe venir
espontáneamente.

No sirve
a reyes
ni príncipes,
busca metas
más altas.

18

Sabia aproximación. Es lo correcto para un gran príncipe. ¡Fortuna!

19

Los hábitos inadecuados serán modificados.

Así, es ventajoso proceder.

20

Se topa con algo venenoso. Leve humillación.

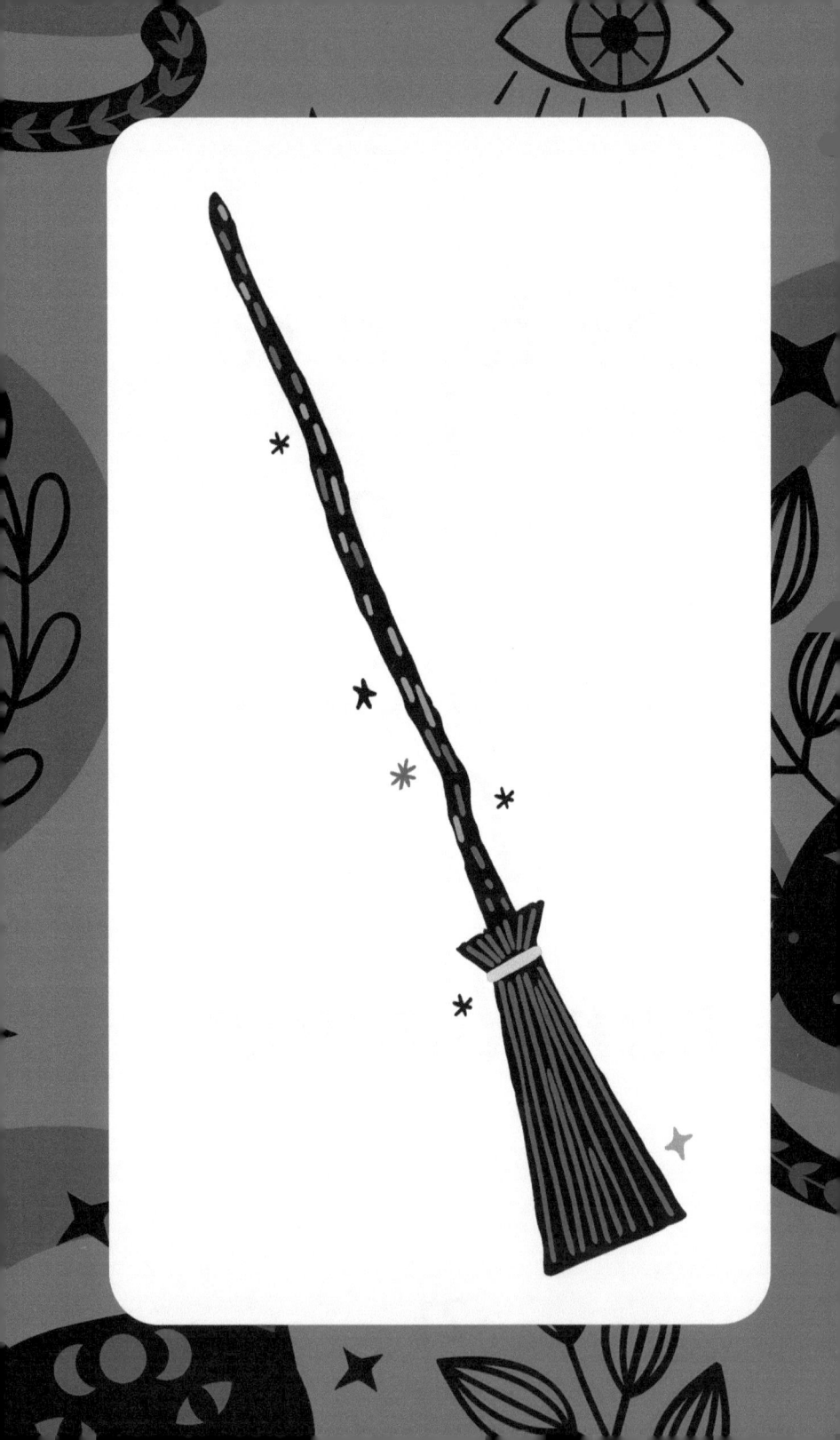

El capullo de seda es pequeño y modesto. Humillación, pero finalmente, buena fortuna.

22

La dispersión.
No es
conveniente
emprender algo
ni ir a
ninguna parte.

Caminando
errante
en medio
de los otros.
Se retorna solo
pero con
fortuna.

Se labra un campo sin pensar en la cosecha.

Sin expectativas, resultado exitoso.

Hay peligro en ciernes. Es conveniente alejarse.

Tomar consciencia del peligro trae buena fortuna. Es ventajoso atravesar la gran corriente.

27

Un álamo seco
produce flores.
Fortuna.

Si hay segundas
intenciones,
fracaso.

28

El abismo es peligroso. Uno debe esforzarse solamente para obtener pequeñas cosas.

29

*Chorros
de lágrimas,
suspiros
y lamentos.*

*Aún asi,
fortuna.*

30

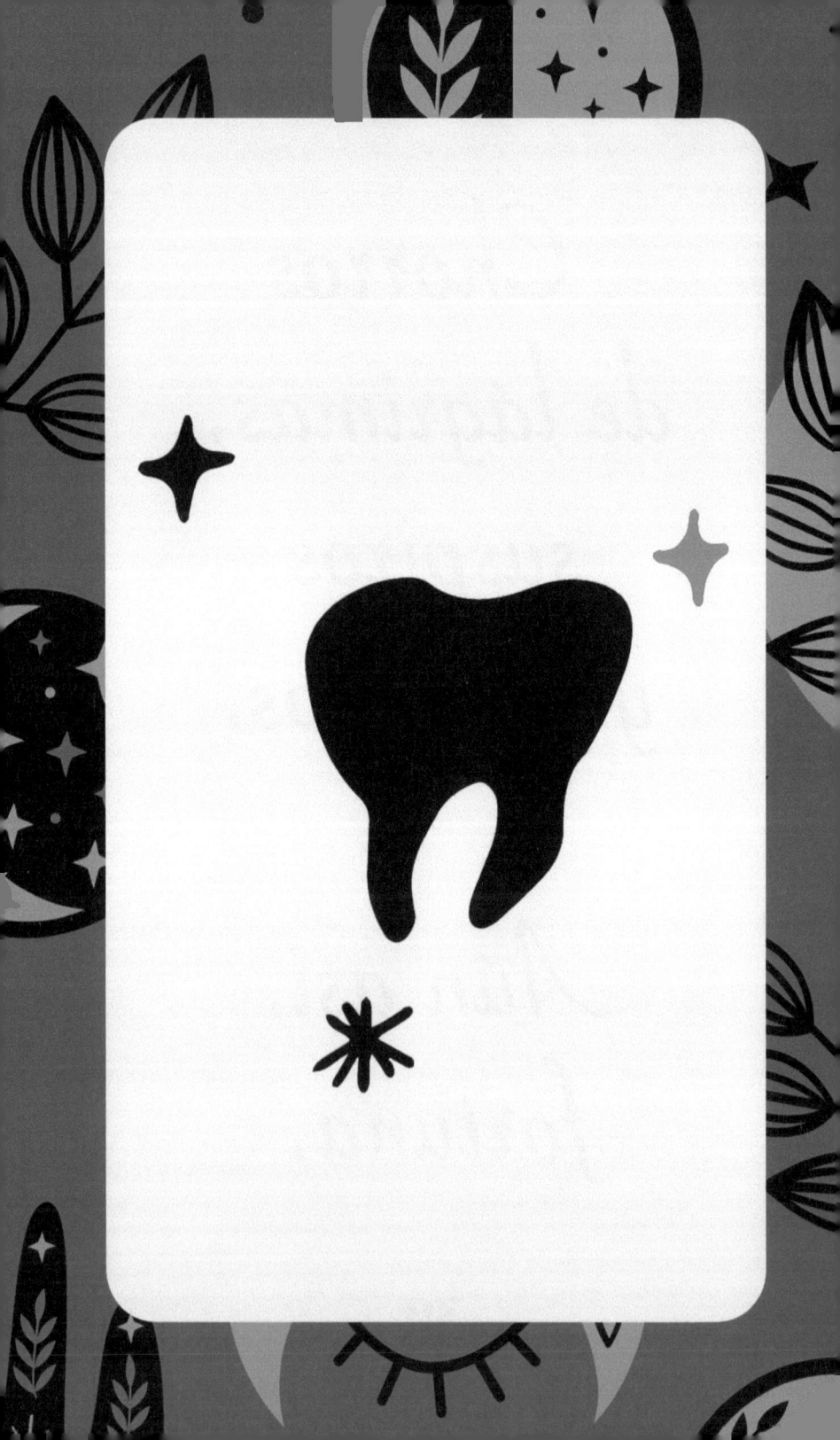

Demorarse
trae
buena
fortuna.

La inquietud como condición duradera trae mala fortuna.

No se obtiene nada.

32

La retirada voluntaria trae buena fortuna al ser noble y ruina al ser vulgar.

Continuar es peligroso. Un chivo arremete contra un cerco y sus cuernos quedan atrapados.

La perseverancia
trae fortuna.
Si no se
encuentra
la confianza, uno
debe permanecer
en calma.
Sin error.

35

Uno no debe esperar una victoria apresurada.

Como un rey se acerca a su familia. Sin temor. Buena fortuna.

Se encuentra a su maestro en un callejón estrecho. Sin reproches.

Gran fortuna.

38

Encuentra obstáculo tras obstáculo, pero no es culpa suya.

Esperar es sabio.

El trueno y la lluvia se disipan. Uno recupera la fuerza en calma y se calla. Esta es la actitud correcta.